INHALTSVERZEICHNIS

DIE STEINE

Sie liegen am Straßenrand, im Feld, am Strand und im Wasser. Schöne Steine zum Basteln, Bemalen und Verzieren findest du überall in vielen Formen und Größen.
Hast du fleißig Steine gesammelt, solltest du sie zuerst mit klarem Wasser abspülen und gut abtrocknen, damit die Farbe besser hält und die Steine sauber sind.

Wenn du Steine aufeinander kleben möchtest, verwende dafür eine Heißklebepistole mit niedriger Temperatur, damit du dich nicht verbrennst und lass den Kleber gut trocknen.

Die Farben

Die Acrylstifte sind mit flüssiger Farbe gefüllt. Wenn du sie zum ersten Mal benutzt, musst du den Stift zuerst kräftig schütteln. Drücke dann die Mine des Stiftes mehrmals auf ein Blatt Papier, damit die Farbe in die Spitze gepumpt wird und schon kann es losgehen.

Lass die Farbe auf den Steinen gut trocknen. Die Farbe ist wasserfest, so bleiben deine Kunstwerke auch bei Regen leuchtend bunt.

Möchtest du noch mehr Farben zum Bemalen benutzen, achte darauf, dass du wasserfeste Acrylstifte mit kleiner Spitze verwendest.

Du kannst deine Steine auch mit Wasserfarben anmalen. Trage dann nach dem Bemalen wasserfesten Klarlack auf, damit die Farbe wasserfest wird. Diesen Lack kann man aufsprühen, mit einem Pinsel auftragen und es gibt Lack, der deinen Steinen eine matte Oberfläche verleiht. Auch den Klarlack solltest du gut trocknen lassen.

Nachtleuchtfarbe

In der Box ist auch eine Nachtleuchtfarbe enthalten. Solche gelblich-grünlichen Nachtleuchtfarben laden sich im Licht auf und glühen dann bei Dunkelheit für einige Zeit nach. Das ist sehr faszinierend und der Leuchteffekt hat sogar noch einen fantastischen Namen: Phosphoreszierend. Das ist gar nicht leicht zu lesen und noch schwerer zu schreiben!

Das Aufladen funktioniert mit Tageslicht und auch mit Kunstlicht aus Lampen, Strahlern und Deckenleuchten. Ganz egal, ob LED, Halogen, Neonröhre oder Glühbirne. Je länger deine Leuchtsteine dem Licht ausgesetzt werden, desto heller ist das Licht, das sie im Dunklen abgeben, und je heller der Kieselstein ist, den du auswählst, desto größer ist die Leuchtkraft der Nachtleuchtfarbe.

Überlege dir doch mal, welche Spielklassiker du nachbauen könntest, um diese im Dunkeln spielen zu können. Male zum Beispiel auf jeweils zwei Steine die gleiche Form. Die Steine lässt du über Nacht trocknen, bevor du mit ihnen ein Nachtmemory spielen kannst: Lade deine Steine im Licht auf und drehe sie dann alle so um, dass sie auf dem gemalten Symbol liegen. Jetzt schaltest du das Licht aus und ihr versucht wie beim klassischen Memory die Paare zu finden. Doch aufgepasst: Die Leuchtkraft der Steine lässt immer weiter nach. Das Spiel ist deshalb zu Ende, wenn entweder die Steine nicht mehr leuchten oder wenn ihr vorher alle Paare gefunden habt. Schaltet dann das das Licht wieder an und zählt, wie viele Stein-Paare jeder von euch gefunden hat.

Tipp:
Wenn die Spitze verstopft ist, steche mit einer Steck- oder Nähnadel hinein, damit die Farbe wieder fließt.

TIPP FÜR DICH

Du kannst auch eine ganz kleine Nachteule machen: Eine Reiseeule. So ein kleiner Stein hat bestimmt noch Platz im Koffer, wenn du auf Reisen gehst.

LEUCHTENDE NACHTEULEN

MATERIAL

- Stifte der Box: Rot, Grün, Weiß, Schwarz, Nachtleuchtfarbe
- Bleistift
- Radiergummi
- Steine

1 Zuerst zeichnest du mit dem Bleistift die Umrisse der Augen, des Schnabels, des Bauchgefieders und der Flügel auf. Gelingt es dir auf Anhieb nicht so gut, kannst du radieren und neu aufzeichnen, bis du zufrieden bist.

2 Wenn du die Grundformen skizziert hast, Male dann die Flügel und den Schnabel rot an und zeichne mit dem grünen Stift den Umriss des Bauches und der Augelnlider nach. Lass die Farbe kurz trocknen und tupfe mit dem weißen Stift kleine Punkte auf die Flügel. Mit dem schwarzen Stift malst du zwei Halbkreise als Augen auf.

3 Dann trägst du mit der Nachtleuchtfarbe entweder ein schönes Muster auf den Bauch auf oder bedeckst die Fläche ganz mit der Nachtleuchtfarbe. Die Nachtleuchtfarbe muss ein paar Stunden trocknen, am besten über Nacht.

Fertig ist deine leuchtende Nachteule!

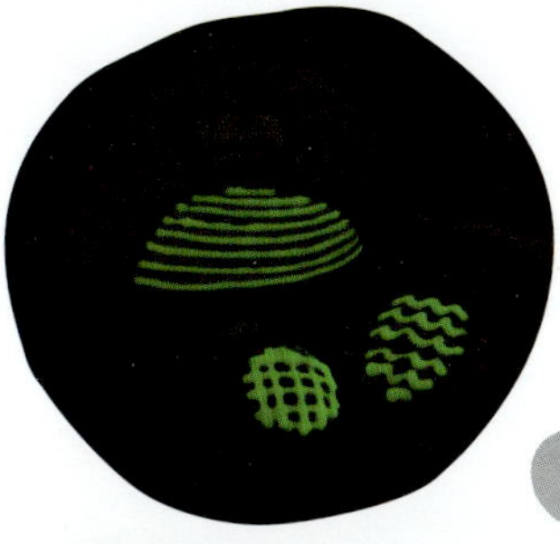

Monstermäßiges Mühlespiel

MATERIAL

- Stifte der Box: Rot, Grün, Weiß, Schwarz
- Bleistift
- Radiergummi
- Steine

Vorlagen auf Seite 30/31

Für jeden Mühlespieler benötigst du ein Team aus neun Monstern.

1 Wenn du 18 Steine gesammelt hast, beginnst du mit dem Malen. Schau dir einen deiner Steine genau an und entscheide dich zuerst für den Hintergrund, also den Körper des Monsters. Willst du ihn ganz in einer Farbe anmalen oder mit Streifen? Gepunktet, mit Hose, Mütze, Augenklappe oder Blitz? Auf Seite 30/31 findest du Vorlagen dazu.

2 Für das Monster mit Streifen, zeichnest du zuerst die Umrisse mit Bleistift auf. Dann malst du den Körper, die Augen und den Mund an.

3 Wenn der Körper getrocknet ist, malst du die Details von Augen und Mund auf. Für weitere Monster kannst du dir Ideen aus den Skizzen aussuchen. Setz deiner Kreativität keine Grenzen, dir fallen bestimmt auch noch andere Möglichkeiten für monstergute Gesichter ein.

TIPP FÜR DICH

Mit deinen Steinen lassen sich aufregende Monster-Duelle spielen. Wie wäre es damit, ein Spielbrett mit Straßenkreide auf den Boden zu malen, zum Beispiel Mensch ärgere dich nicht?

AUF DER SCHAFWEIDE

MATERIAL

Stifte der Box: Rot, Grün, Weiß, Schwarz

Bleistift

Radiergummi

Steine

SCHAFE

1 Male für die Schafe zuerst den schwarzen Kopf und die weißen Kringel auf.

2 Wenn die Farbe getrocknet ist, kannst du die Augen und die Nase aufmalen.

BLUMEN

1 Für die Blumen kannst du dich an den Blumen auf dem Bild orientieren oder deine eigenen Ideen umsetzen. Achte immer darauf, die Farbe gut trocknen zu lassen, bevor du eine zweite Farbschicht draufmalst.

MARIENKÄFER

1 Für den Marienkäfer zeichne dir zuerst den Körper mit Bleistift vor. Danach kannst du diesen mit Schwarz und Rot anmalen. Lasse die Farbe gut trocknen. Male dann mit dem weißen Stift Augen auf und zeichne einen kleinen schwarzen Punkt als Pupille hinein.

TIPP FÜR DICH

Diese Steine sehen richtig schön im Frühling und Sommer in deinem Garten aus. Dekoriere doch einen Pflanzenkübel oder Balkonkasten damit. Sogar einfach aufs Fensterbrett gelegt versprühen sie gleich ein bisschen Frühlingsfrohsinn im Zimmer.

TIPP FÜR DICH
Versuch doch mal, die Straßen rund um dein zu Hause herum aufzumalen und die Häuser in der richtigen Farbe anzumalen.

  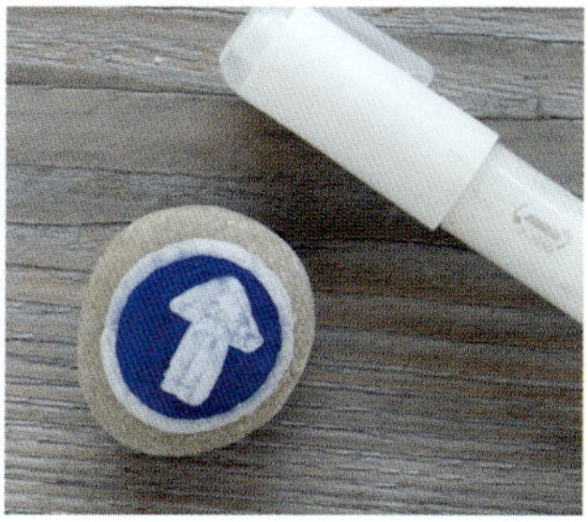

KUNTERBUNTE VERKEHRSZEICHEN

MATERIAL

- Stifte: Rot, Grün, Weiß, Gelb, Blau
- Bleistift
- Radiergummi
- Pappe oder Karton
- Filzstift
- Steine

Auf dem Bild siehst du viele verschiedene Verkehrszeichen. Schau dich doch mal auf deinem Weg in die Schule um, welche Verkehrszeichen dir da so begegnen. Diese kannst du dann zuhause auf Steinen nachmalen.

1 Für ein „Abbiegen"-Verkehrszeichen, zeichne zuerst mit Bleistift einen runden Kreis auf deinen Stein. Dafür kannst du eine Münze zur Hilfe nehmen. Lege eine Münze auf den Stein und fahre die Umrisse mit dem Stift nach.

2 Male dann die Grundfläche mit blau an und lass diese gut trocknen.

3 Danach kannst du den Pfeil mit Weiß aufmalen und die restlichen Elemente des Verkehrszeichen hinzufügen.

4 Male mit einem dicken Filzstift Straßen, Höuser und Bäume auf ein großes Stück Pappe und lege die Verkehrszeichen darauf. Weißt du, wer bei welchem Verkehrszeichen was machen muss?

Bauernhoftiere

MATERIAL

- Acrylstifte in verschiedenen Farben
- Bleistift
- Radiergummi
- Bastelfilz
- Bastelkleber
- Steine

Vorlagen auf Seite 30/31

Suche dir verschiedene Steine in unterschiedlichen Größen aus und male deine Lieblingstiere darauf. Ein Stein wird der Kopf und ein größerer Stein wird der Körper.

1 Bevor du mit dem Malen beginnst, suchst du dir jeweils zwei Steine aus, die zusammen ein gutes Bauernhoftier ergeben können.

2 Die ausgesuchten Steine malst du mit den Acrylfarben an. Male zuerst die großen Flächen, also den Hintergrund, und lass sie gut trocknen. Dann kommen alle Details: Schnauzen, Augen, Fellmuster, Shirts und so weiter.

3 Für die Ohren und den Kamm des Hahns schneidest du dir aus Bastelfilz passende Stücke zurecht. Auf Seite 30/31 findest du Vorlagen. Achte darauf, dass die Vorlagen je nach Stein, nicht passen können, da jeder Stein anders ist. Jedes Bauernhoftier wird einzigartig sein.

4 Wenn du die Filzteile ausgeschnitten hast, klebst du sie mit Bastelkleber an den Steinen fest.

TIPP FÜR DICH

Wenn du mal keinen Filz in der passenden Farbe hast, kannst du auch weißen Filz nehmen und diesen mit einem Acrylstift aus der Box anmalen.

LUSTIGE BLUBBERFISCHE

MATERIAL

Acrylstifte in verschiedenen Farben

Optional: Glasvase

Steine

Nicht nur Bauernhoftiere kannst du mit mehreren Steinen zusammenlegen. Probiere es doch einmal mit diesen lustigen Fischen.

1 Nimm für einen Fisch mindestens zwei Steine, einen für den Körper und einen dreieckigen für die Schwanzflosse. Du kannst für die Schwanzflosse auch zwei ganz kleine Steine nehmen.

2 Male die Steine zuerst weiß an und lasse sie gut trocknen. Male dann mit verschiednen Farben deinen Fisch bunt an, zum Beispiel mit Punkten oder Streifen. Verwende für das Gesicht einen schwarzen Stift.

3 Klebe die Schwanzflosse mit Heißkleber am Ende des Fisches fest, fertig!

TIPP FÜR DICH

Diese lustigen Gesellen kannst du auch in flachen Bächen verstecken. Vielleicht findet sie ja jemand und freut sich über die bunten Fische! Oder du füllst eine Glasvase mit Wasser und gibst ihnen damit ein zu Hause.

OPA
VIEL GLÜCK

GLÜCKSSTEINE

MATERIAL

Acrylstifte in Weiß, Schwarz, Rot, Gelb, Grün, Rosa, Pink

weiße Knöpfe

Heißkleber (Niedrigtemperatur)

Steine

Die Glücksteine sind ein super Geschenk für deine Freunde und deine Familie. Sie passen in jede Tasche und sind tolle Glücksbringer für Klassenarbeiten oder Prüfungen.

1 Für das Glücksschwein, male deinen ausgewählten Stein komplett in Rosa an und lass ihn trocknen.

2 Male nun die Ohren in einem dunklen Pink auf das Schwein und male mit schwarzen und weißen Acrylstiften Augen auf.

3 Zum Schluss klebst du noch den Knopf mit dem Heißkleber als Nase auf den Stein. Fertig ist dein Glücksschwein.

4 Andere Möglichkeiten für Glückssteine sind Pilze, Kleeblätter oder einfach „Viel Glück" Sprüche. Achte beim Bemalen dieser immer darauf, die untere Farbschicht gut trocknen zu lassen, bevor du wieder darauf malst.

Mach's bunt: Gute-Laune-Steine

MATERIAL

Acrylstifte in verschiedenen Farben: Schwarz, Weiß, Rot, Grün, Blau, Gelb, Pink...

Steine

Vorlagen auf Seite 30/31

Deine Gute-Laune-Steine sollen genau das verbreiten und zwar ein Lächeln im Gesicht. Also spar nicht an Farben und lass deine Steine bunt werden.

1 Suche dir deinen Lieblingsstein aus und zeichne eine der Vorlagen (siehe Seite 30/31) mit dem Bleistift darauf.

2 Wenn du zufrieden bist mit deinen Konturen, wird gemalt. Starte immer mit dem Gesicht bzw. mit dem Kopf. Beim Einhorn malst du zum Beispiel zuerst den Kopf in Weiß, dann ds Gesicht in schwarz und dann die Mähne in bunten Farben. Wenn das Gesicht/der Kopf trocken sind, kannst du die bunten Farben nach Lust und Laune dazu malen.

TIPP FÜR DICH

Gute-Laune-Steine kannst du auch draußen verstecken, damit sich andere Leute darüber freuen, zum Beispiel auf Parkbänken, auf Spielplätzen oder im Wald.

TÜRSCHILD FÜR DEINE FAMILIE

MATERIAL

- Acrylstifte
- wasserfester schwarzer Stift, Strichstärke 0,5 mm bis 1 mm
- passender Untergrund, z.B.: Keilrahmen mit Leinenbespannung, 20 cm x 20 cm
- Schnur
- 2 Nägel
- Hammer
- Heißkleber (Niedrigtemperatur)
- Steine

Jede Familie ist verschieden: Manche sind ganz klein, andere groß und in manchen leben Tiere. Dieses Türschild könnt ihr neben eure Haustür oder in den Flur hängen.

1 Suche dir die Steine, die du für deine Familie benötigst.

2 Suche dir nun einen passenden Untergrund. Das kann ein Brett sein, ein Bilderrahmen, eine alte Schublade oder eben wie auf dem Bild ein Keilrahmen.

3 Dann bemalst du die Steine, so wie deine Familie aussieht. Gib ihnen Kleidung, Gesichter und Haare. Wenn du über eine Farbschicht noch einmal malst, lass diese vorher gut trocknen. Die Beine kannst du mit einem schwarzen, wasserfesten Filzstift aufmalen.

4 Zum Schluss klebst du die Steine auf deine Unterlage und beschriftest und dekorierst diese. Nun kannst du dein Türschild mit Hammer und Nägeln aufhängen. Am besten lässt du dir hierbei von einem Erwachsenen helfen.

TIPP FÜR DICH

Falls du dein Schild auf eure Haustür hängen möchtest, die vielleicht aus Holz oder einem anderen Material mit empfindlicher Oberfläche ist, beklebst du am besten die Rückseite mit Filz, damit es keine Kratzer gibt.

MEMORY IM DUNKELN

MATERIAL

nachtleuchtender Stift

Steine

Mit einem nachtleuchtenden Stift kannst du Steine ganz besonders verzieren. Du kannst die Steine zum Beispiel im Dunkeln im Garten verstecken und deine Freunde müssen sie finden.

1 Suche dir beliebige Steine für dein Versteckspiel.

2 Male mit der Nachtleuchtfarbe verschiedene Formen auf die Steine.

3 Die Steine lässt du über Nacht trocknen, bevor du mit ihnen ein Nachtmemory spielen kannst: Lade deine Steine im Licht auf und drehe sie dann alle so um, dass sie auf dem gemalten Symbol liegen. Jetzt schaltest du das Licht aus und ihr versucht wie beim klassischen Memory die Paare zu finden. Doch aufgepasst: Die Leuchtkraft der Steine lässt immer weiter nach. Das Spiel ist deshalb zu Ende, wenn entweder die Steine nicht mehr leuchten oder wenn ihr vorher alle Paare gefunden habt. Schaltet dann das das Licht wieder an und zählt, wie viele Stein-Paare jeder von euch gefunden hat.

Das Spiel funktioniert auch toll mit kleinen Gespenstern, wie du auf dem Bild oben siehst.

FERIENLAUNE AN DER WAND

MATERIAL

- Acrylfarbe in Braun, Blau und Grün
- großer Pinsel
- Acrylstifte in Weiß, Schwarz, Blau, Gelb und Rot
- Heißkleber (Niedrigtemperatur)
- Zweige
- Muscheln
- ein passendes Brett
- Steine

Dieses Bild, erinnert euch immer an euren letzten Urlaub an einem See oder dem Meer.

1 Suche dir passende Steine und Muscheln für dein Bild und lege alles einmal auf dein Brett um zu schauen, wie du alles anordnen kannst.

2 Male nun mit dem Pinsel und der Acrylfarbe die Landschaft auf das Bild. Wasche deinen Pinsel immer gut aus, bevor du die nächste Farbe benutzt. Unten den Strand in braun, in der MItte das Wasser in Blau und oben die Wiese in Grün.

3 Malt nun eure Steine an. Für ein Boot braucht ihr zwei Steine, einen für den Rumpf und einen für das Segel. Für den Leuchtturm maltst du weiße und rote Streifen auf den Stein. Lass die Farbe trocknen und male mit schwarz Fenster und eine Tür auf den Stein. Für die Häuser malst du zwei kleine Steine zur Hälfte weiß und zur Hälfte rot an. Male dann mit schwarz eine Tür und Fenster auf.

4 Klebe nun die Muscheln und die Steine mit Heißkleber auf das Brett. Klebe neben das Segel des Bootes jeweils einen Zweig als Mast. Jetzt kannst du dein Kunstwerk an die Wand hängen. Lass dir damit von einem Erwachsenen helfen.

WEIHNACHTEN

MATERIAL

- Stifte der Box: Rot, Grün, Weiß, Schwarz
- runde Untersetzer aus Filz oder Bierdeckel
- passendes Band
- Zweige
- Tonkarton und doppelseitiges Klebeband
- Heißkleber (Niedrigtemperatur)
- Bleistift
- Filzstift
- Schere
- Steine

Hier siehst du verschiedene Ideen für kleine Weihnachtsgeschenke. Wenn du keine Bierdeckel ohne Aufdruck hast, kannst du auch bunten Tonkarton mit doppelseitigem Klebeband auf die Deckel kleben. Dazu klebst du den Bierdeckel mit dem Klebeband auf den Tonkarton, drehst ihn um und schneidest dann mit einer Schere sorgfältig an der Kante entlang.

RENTIER

1 Nimm hierzu einen einfarbigen Untersetzer oder Bierdeckel und schreibe mit Bleistift deinen Weihnachtsgruß auf den Rand. Es hilft den Bierfilz beim Schreiben immer ein Stückchen weiter zu drehen.

2 Dann male die rote Nase und die Augen des Rentiers auf den Stein und lasse sie kurz trocknen.

3 Nun muss nur noch alles zusammengeklebt werden. Klebe den Stein mit Heißkleber vorsichtig in die Mitte des Untersetzers und die Zweige oben an den Stein, als Geweih des Rentiers.

ELCH

1 Für den Kopf des Elchs einen kleinen Stein, als Schnauze auf einen größeren Stein kleben. Diese dann bemalen und trocknen lassen.

2 Die zusammengeklebten Steine auf den Untersetzer kleben und diesen mit Weihnachtsspruch und Geweih verzieren.

3 Am oberen Teil des Untersetzers mit einer Schere ein Loch schneiden und ein verknotetes Band hindurch ziehen. Schon kann dein Kunstwerk an den Tannenbaum oder an ein Geschenk gehängt werden.

SCHNEEMANN

1 Für den Schneemann nimm einen Bierdeckel und beklebe ihn mit Tonkarton.

2 Male die zwei Steine weiß an und lass sie gut trocknen. Dann verzierst du die Steine mit dem Gesicht und den Knöpfen des Schneemanns.

3 Klebe nun Steine auf den Bierdeckel und füge mit Filzstiften noch Schnee, Arme und Hut hinzu. Mit einem Band bekommt der Schneemann noch einen Schal.

Vorlagen

Je nach Größe deiner Steine kann es sein, dass du du die Vorlagen vergrößern oder verkleinern musst.

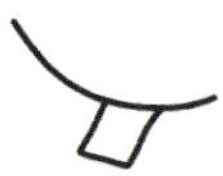

Monstermäßiges Mühlenspiel
S. 8/9

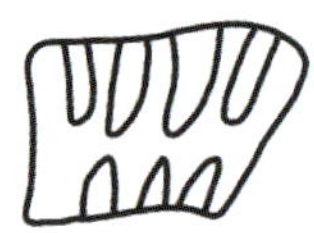

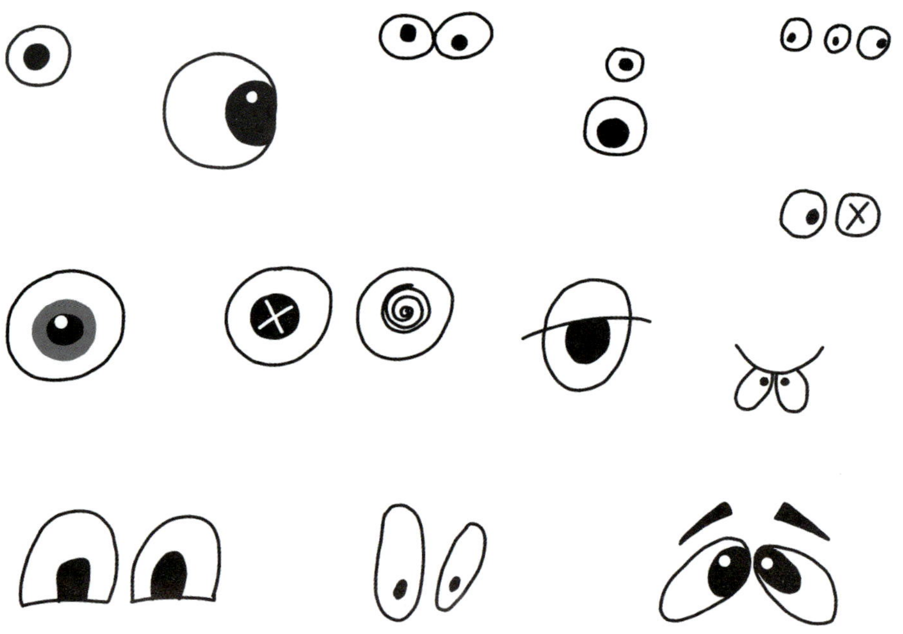

Hahn

Schwein

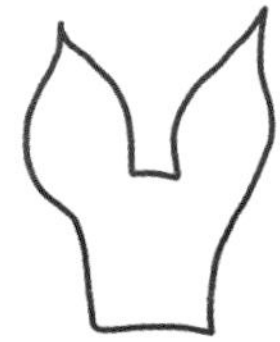

Pferd

Bauernhoftiere
S. 14/15

Kuh:
Horn und
Ohren

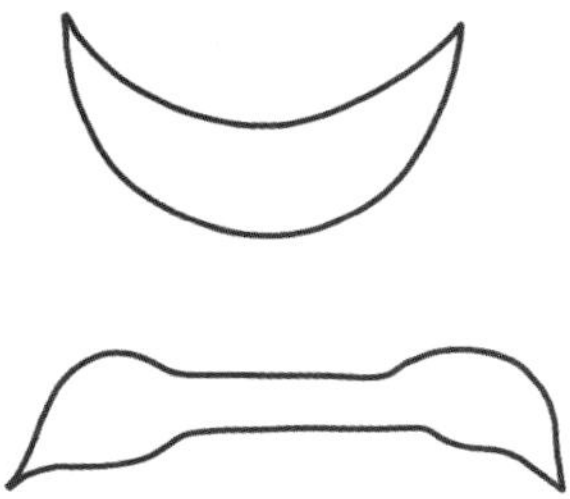

Katze

Hund

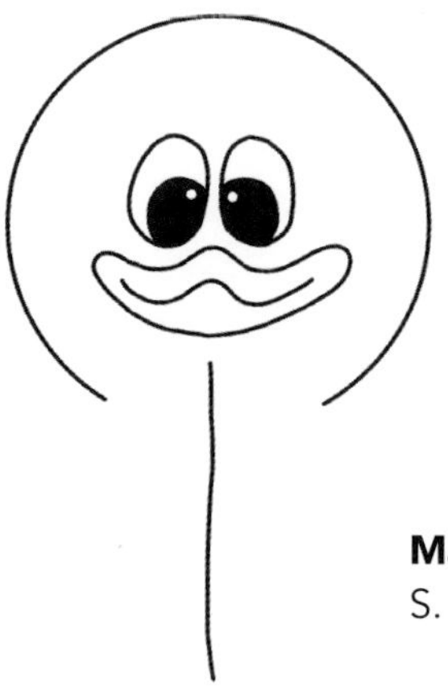

Mach's bunt: Gute-Laune-Steine
S. 20/21

Buchempfehlungen für Dich

Noch mehr Kreativ-Bücher zum gleichen Thema gesucht?

ISBN 978-3-7724-4340-4

ISBN 978-3-7724-8461-2

ISBN 978-3-7724-8462-9

ISBN 978-3-7724-4366-4

ISBN 978-3-7724-8438-4

Viele weitere Kreativ-Bücher findest du auf www.TOPP-kreativ.de

#TOPPPROJEKT

Die eigene Kreativität zeigen: TOPPprojekt mit anderen Kreativen teilen und Teil der Gemeinschaft werden.

DIY-begeistert und auf Instagram? Dann unbedingt mitmachen! Hier gibt's Tipps und Feedback zu den eigenen Projekten. Außerdem verlosen wir jeden Monat ein Überraschungspaket. Um am Gewinnspiel teilzunehmen, einfach ein Bild vom Kreativ-Projekt aus unseren Büchern mit #TOPPprojekt posten und unserem Account @frechverlag folgen. Mehr Infos auf TOPP-kreativ.de/TOPPprojekt

Mach mit beim

#TOPPPROJEKT

#TOPPprojekt
@frechverlag

Website
Auf TOPP-kreativ.de kannst du ein riesiges Angebot von über 1.000 Kreativbüchern, Sets & mehr entdecken.

Newsletter
Gleich anmelden unter: TOPP-kreativ.de/newsletter und immer als Erstes von unseren Neuheiten und Sonderaktionen erfahren.

Instagram
@frechverlag

Pinterest
pinterest.com/frechverlag

Facebook
facebook.com/frechverlag

DigiBib
Hier findest du zusätzlich zu vielen unserer Bücher digitale Extras, wie Video-Tutorials, Plotter-Dateien, Vorlagen, Übungsblätter & vieles mehr. Einfach im Impressum deines TOPP-Buchs den Freischalte-Code nachschlagen und exklusive Inhalte freischalten. TOPP-kreativ.de/digibib

Youtube
youtube.com/frechverlag

Claudia Fischer lebt im beschaulichen Bruchsal am Rande des Schwarzwaldes. Seit vielen Jahren arbeitet sie dort für und bei Creativ Markt Butterer. Daneben ist sie freiberuflich tätig. Es ist ein Glücksfall für mich, sagt sie, einen so facettenreichen Arbeitsalltag zu haben, in dem für ganz unterschiedliche Aufgaben Raum ist und ich viele meiner Talente nutzen kann. Während die Arbeit im Unternehmen in der Regel Kopfsache ist, sind die kreativen Projekte bei aller Professionalisierung oft auch Herzensangelegenheiten. Ruhe und Balance findet sie zuhause, neue Ideen und Impulse auf Reisen und unbeschwerten Streifzügen in der Umgebung.

Ilona Butterer ist Kopf, Herz und Hand von Creativ Markt Butterer in Bruchsal. Ihre beiden Ladengeschäfte sind weit über die Grenzen der kleinen Stadt im Badischen bekannt. Daneben ist sie auch überregional tätig als Beraterin und in der Produktentwicklung. Neben allen unternehmerischen Verpflichtungen gelingt es ihr immer wieder, Freiräume für kreative Projekte zu schaffen. Sie ist überzeugt: Kreativsein ist wohltuend für die Seele, bringt Farbe in den Alltag und übt uns darin, Dinge selbst in die Hand zu nehmen.

FSC®
www.fsc.org
MIX
Paper from responsible sources
FSC® C147812

Penguin Random House Verlagsgruppe
FSC® N001967

IMPRESSUM

MODELLE: Claudia Fischer und Illona Butterer
FOTOS: Creativ Markt Butterer; Michael Ruder, Stuttgart (Cover)
PRODUKTMANAGEMENT UND LEKTORAT: Tanja Kasten
LAYOUT UND SATZ: Jessica Siebert

5. Auflage 2023

ISBN 978-3-7724-4470-8 • Best.-Nr. 4470